Rolf Toyka | Ferenc B. Regös | Heike Ossenkop

Achtung, fertig, Baustelle!

Wie ein Haus geplant und gebaut wird

GERSTENBERG

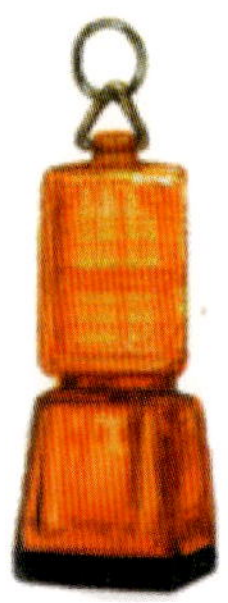

8. Auflage 2024

Text: Rolf Toyka, Wiesbaden, und Heike Ossenkop, Basel
Konzeption und Gestaltung: h.o.pinxit, Basel
Illustrationen: Ferenc B. Regös, Oderding, und Heike Ossenkop, Basel (unter den Klappen)
Architekturentwurf: Martin Eichholz, Köln
Herausgeber: Akademie der Architekten- und Stadtplanerkammer Hessen
und Architektenkammer Nordrhein-Westfalen
Printed in China
www.gerstenberg-verlag.de
ISBN 978-3-8369-5226-2

MIX
Papier | Fördert gute Waldnutzung
FSC® C020056

Weitere spannende Sachbücher
findest du auf unserer Homepage:
www.gerstenberg-verlag.de

Komm mit auf die Baustelle!

Eine Baustelle ist eine spannende Sache. Dort gibt es Bagger, Kräne und große Laster, und jede Menge Handwerker sind eifrig bei der Arbeit. Bestimmt habt ihr schon oft neugierig vor einer Baustelle gestanden und zugeschaut. Und sicher habt ihr euch auch schon über das Schild »Betreten der Baustelle verboten« geärgert. Leider ist es wirklich zu gefährlich, zwischen all den Geräten und Maschinen herumzustöbern. Genau deshalb haben wir dieses Buch gemacht! Es nimmt euch mit auf eine echte Baustelle, und ihr könnt dem Architekten, den Maurern, Elektrikern, Schlossern und all den vielen anderen Handwerkern über die Schulter gucken und seht, was alles getan wird, bis ein Haus schließlich fertig ist. Und wenn ihr unter den Klappen nachschaut, dann erfahrt ihr, wie ein Architekt seine Pläne zeichnet, wie eine Wand gemauert wird und wie man Beton mischt.
Und wer weiß: Vielleicht baut ihr sogar irgendwann selbst einmal mit einem Architekten so ein Haus.

Aber jetzt kommt erst einmal mit Tim auf unsere Baustelle. Wir wünschen euch dabei viel Spaß!

Rolf Toyka

Eine Baustelle in Sicht

Hallo! Ich bin Tim.

Wo jetzt die Tankstelle steht, werde ich bald mit meinen Eltern wohnen. Natürlich nicht in der Tankstelle! Meine Eltern wollen kein Benzin verkaufen und auch keine Autos reparieren. Die Tankstelle ist schon ganz lange geschlossen und wird abgerissen, und wir haben das Grundstück gekauft. Wir wollen hier nämlich ein neues Haus bauen. Und das Tollste: Das Haus wird von meinem Onkel Hannes gebaut, der hier neben mir steht. Hannes ist Architekt. Nein, nicht, was ihr jetzt glaubt: Er baut das Haus nicht selbst. Er plant es und kümmert sich darum, dass auf der Baustelle alles klappt. Hannes zeichnet natürlich seine Pläne nicht einfach so, wie er das will. Er fragt uns vorher, wie wir uns das Haus wünschen. Er soll ja nicht selber darin wohnen.

Hannes hat versprochen, dass ich jeden Tag nach der Schule auf die Baustelle kommen darf, und er wird mir alles zeigen und erklären. Klasse, das wird spannend!

TURELLI + CO.
IHR FACHMANN FÜR BATTERIEN
WINTER-REIFEN 50%!

1 **Der Abrissbagger.** Er erledigt die Abbrucharbeiten mit seiner Greifzange.

2 **Der Bauzaun.** Die Baustelle wird jeden Abend abgesperrt.

3 **Der Baustellenkipper.** Er fährt den Bauschutt zur Müllentsorgungsanlage.

Der Abbruch

Könnt ihr mich sehen? Schaut mal genau hin!

Die Tankstelle ist schon fast verschwunden. Unglaublich, wie viel Müll bei so einem Abbruch entsteht. Zwanzig Mal musste der Baustellenkipper, so nennt man diese Lastwagen, kommen und den Schutt wegfahren. Und wie das staubt! Damit sich die Nachbarn nicht zu sehr darüber aufregen, spritzt ein Arbeiter Wasser auf die Staubwolken. Und der viele Lärm! Auch der nervt die Nachbarn, klar. Wenn alles weggeschafft ist, kann der Bagger kommen, um das Loch für den Keller zu buddeln. »Ausschachten«, hat Onkel Hannes dazu gesagt. Ein komisches Wort. Unser Haus soll doch nicht in einem Schacht stehen!

2
Baustelle betreten verboten!
Eltern haften für ihre Kinder
Der Unternehmer
Schutzhelm tragen Vorschrift
1
3

1 **Der Raupenbagger.** Er hebt mit seiner Schaufel die Erde aus.

2 **Der Baustromkasten.** Er versorgt die Baustelle während der Bauzeit mit Strom.

3 **Der Baucontainer.** Hier finden die Baubesprechungen und Mittagspausen statt.

4 **Der Kompressor.** Er liefert Pressluft für den Presslufthammer.

Die Baustelle wird eingerichtet

Klasse, jetzt geht es richtig los! Heute Morgen sind der Bagger und der zerlegte Kran auf Tiefladern auf die Baustelle gebracht worden, und die Kranteile wurden am Boden zusammengeschraubt. Dann wurde der hohe Kran aufrecht hingestellt. Damit die großen Lastwagen genug Platz zum Abladen hatten, musste die Straße extra gesperrt werden. Der Baggerführer hat schon mit dem Ausschachten begonnen. Der Arbeiter mit dem Presslufthammer hilft ihm dabei. Das macht einen Höllenlärm!

Rund um die Baustelle wurde ein Bauzaun aufgestellt. Auf einem großen Schild steht: »Baustelle betreten verboten! Eltern haften für ihre Kinder.« Das gilt aber nicht für mich! Hannes hat ja versprochen, dass ich mit ihm auf die Baustelle kommen darf. Gestern hat er mir die Pläne gezeigt, in denen genau aufgezeichnet ist, wie alles werden soll. Die vielen verschiedenen Handwerker müssen schließlich genau wissen, was sie zu tun haben.

Heute Morgen haben meine Eltern mit Hannes über die Kosten für das Haus gesprochen. Die muss ein Architekt nämlich berechnen, bevor es losgeht. Ich weiß nur, dass alles zusammen so viel kostet wie zehn neue Autos. Hauptsache, ich bekomme auch weiter mein Taschengeld.

Baustelle betreten verboten!
Eltern haften für ihre Kinder
Der Unternehmer
Schutzhelm tragen Vorschrift
Rauchen verboten
1
2
3
4

1 **Die Querstützen.** Sie stützen die Nachbarhäuser ab.

2 **Eine Palette mit Kalksandsteinen.** Mit ihnen mauert man die Kellerwände.

3 **Der Fadenschlag.** Die Maurer zeichnen mit Hilfe einer Farbschnur Linien ein.

4 **Die Schaltafeln und Eisenstützen.** Sie braucht man, wenn die Decke hergestellt wird.

Der Keller entsteht

Heute darf ich nur auf der Treppe sitzen und zuschauen und nicht in die Baugrube klettern. Hannes hat Angst, dass mir etwas auf den Kopf fällt. Deshalb trage ich auch einen Bauhelm. Die Arbeiter haben auch alle einen auf. Und sie müssen Sicherheitsschuhe mit Stahlkappen tragen. Ich mache mir einen Plan, wie ich mein neues Zimmer einrichten möchte. Gar nicht so einfach! Ich habe schon dreimal von vorn angefangen.

Damit die Wände an der richtigen Stelle gemauert werden, liest der Polier – das ist der Chef der Maurer und Bauleute – die Abstände in den Plänen ab und zieht auf dem Boden Striche. Seht ihr die Maurer mit dem Band und der Ölkreide? Und noch etwas hat mir Hannes erklärt: Aus dem Kellerboden schaut ein Rohr heraus. Seht ihr es? Das ist ein Abflussrohr. Wenn später in den Etagen obendrüber die Waschbecken, Klos und die Badewanne eingebaut sind, fließt dort hindurch das ganze Schmutzwasser in den Abwasserkanal unter der Straße.

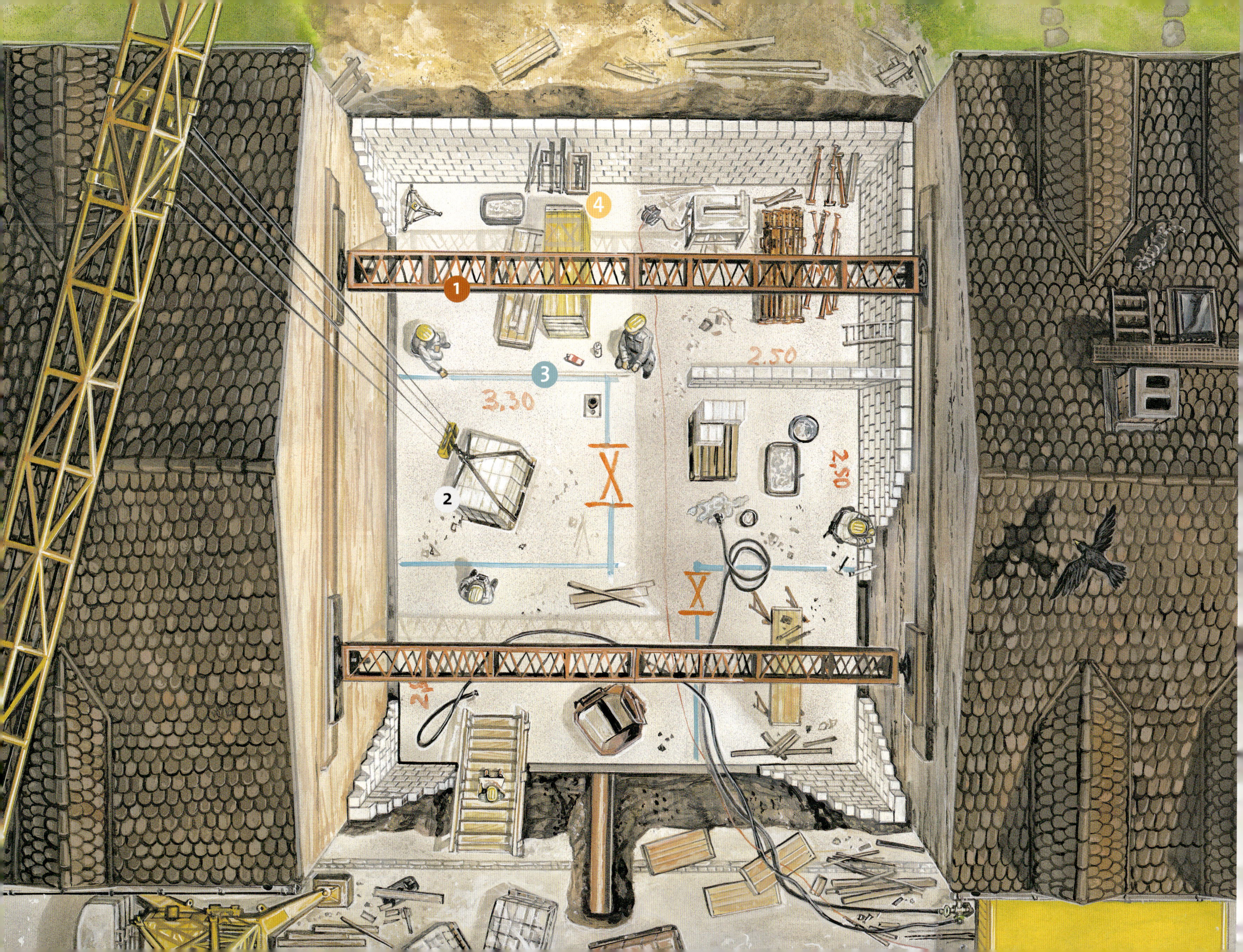
4
1
2,50
3
3,30
2,50
2

1 **Das Betonsilo.** Hier wird der Beton eingefüllt und mit dem Kran hochgezogen.

2 **Der Betonmischer.** Er transportiert den fertigen, flüssigen Beton auf die Baustelle.

3 **Der Rüttler.** Durch das Rütteln verteilen sich die Kieselsteine gleichmässig im Beton.

4 **Die Eisenstützen.** Sie stützen die Holzschalung von unten ab, bis die Decke fest ist.

Die Decke wird gegossen

Heute wurde wieder Beton gebracht. Damit die Schütte hinten am Betonmischer nicht verstopft, muss sie gleich sauber gemacht werden. Dabei durfte ich helfen!

Ihr könnt sehen, dass der Keller und das Erdgeschoss bereits fertig gemauert sind. Jetzt wird gerade die Decke über dem Erdgeschoss mit dem flüssigen Beton gegossen. Hannes hat es mir genau erklärt: Der Beton wird als dicker Brei auf die Baustelle gebracht und in hohe oder flache Kästen aus Holz gefüllt, die man Schalung nennt. Schalung – klingt wie Nussschale! Damit der Beton später noch stabiler ist, legt man Eisenstangen hinein. Dann muss man drei Wochen warten, bis er richtig steinhart geworden ist.

Seht ihr diesen schwarzen Schlauch mit dem dicken Ende, den der Arbeiter dort oben in der Hand hält? Das ist ein Rüttler. Wenn er eingeschaltet ist, wackelt er wie ein Zitteraal. Diesen Rüttler braucht man, damit sich der dickflüssige Beton gleichmäßig verteilt und keine Luftlöcher bleiben. Über solchen Stellen könnte der Boden später mal einsacken, und das wäre ja sehr gefährlich.

1
3
4
2
Baustelle betreten verboten!
Eltern haften für ihre Kinder
Der Unternehmer
Schutzhelm tragen Vorschrift

1 **Die Steinsäge.** Mit ihr werden die Mauersteine durchgesägt.

2 **Die Schalungsträger.** Auf sie legt man die Holzbretter für die Betonschalung.

3 **Der Wasseranschluss.** Er versorgt die Baustelle während der Bauzeit mit Wasser.

4 **Der Kranführer mit Fernbedienung.** Er lenkt den Kran vom Boden aus.

Stein auf Stein

Ich darf heute beim Mauern helfen, das hat der Polier erlaubt! Dann wird das Haus ein bisschen schneller fertig! Unser Haus ist schon ganz schön gewachsen. Gerade werden die Wände im zweiten Obergeschoss gemauert.

Hannes hat sein Versprechen gehalten, er nimmt mich fast jeden Tag auf die Baustelle mit. Heute bespricht er mit den Handwerkern, wer wann und wo gebraucht wird und was genau zu tun ist. Das ist eine ganz wichtige Aufgabe eines Architekten, hat er gesagt. Ich bin direkt nach der Schule hier vorbeigekommen. Deshalb habe ich auch meine Schulklamotten an. Eben habe ich mir einen dicken Zementfleck auf die neue Hose gemacht. Mist. Das gibt zu Hause Krach.

Auf der Baustelle gab es gerade auch richtig Ärger. Ein Maurer hat seinen Kollegen laut angeschrien. Der hatte eine Wand krumm und schief gemauert. Eine richtige Beule hatte sie. Die Steine mussten wieder abgebrochen werden. »Du hast wohl einen Knick in der Optik«, hat der Maurer geschimpft.

1
2
Baustelle betreten verboten!
Eltern haften für ihre Kinder
Der Unternehmer
Schutzhelm tragen Vorschrift
4
Rauchen verboten
3

1 **Der Glaserwagen.** Er kann mit einer speziellen Vorrichtung Glas transportieren.

2 **Die Dachpappe.** Sie bildet die unterste Schicht des Daches.

3 **Das Dachblech.** Es hält die Schichten des Daches zusammen und bildet den Dachrand.

Das Dach entsteht

Vorhin habe ich mitbekommen, wie ein Nachbar gemeint hat: »Na, dieses neue Haus tanzt aber ganz schön aus der Reihe! Warum können die nicht auch ein Schrägdach bauen, wie wir es auf unserm Haus haben?«
Hannes hat es mir erklärt. Wir haben nämlich so im obersten Geschoss keine schrägen Wände und viel mehr Platz. Damit sich unser Haus aber schön in die Nachbarschaft einfügt, endet unser Flachdach genau auf der Höhe der Dachspitzen von nebenan. Außerdem: Warum soll man nicht erkennen, dass unser Haus neu ist? Den Nachbarhäusern sieht man ja auch an, dass sie schon hundert Jahre alt sind. Ich finde das gut so. Und noch etwas ist gut an unserem flachen Dach: Darauf kommt später Erde. Darin können schöne Pflanzen wachsen. Und vielleicht werden dort auch Vögel und Schmetterlinge leben!

Und noch etwas könnt ihr entdecken: Die Fenster werden heute eingesetzt. Die kommen schon fix und fertig lackiert auf die Baustelle. Jetzt sieht unser Haus schon wie ein richtiges Haus aus. Wollt ihr wissen, was der Mann mit dem Gasbrenner macht? Das ist ein Dachdecker. Er erhitzt oben auf dem Dach eine schwarze »Kaugummimasse« – er nennt das Bitumen –, mit der er die Dachpappe festklebt. Könnt ihr ihn sehen?

3
2
1
Baustelle betreten verboten!
Eltern haften für ihre Kinder
Der Unternehmer
Schutzhelm tragen
Vorschrift
Glaser Oser
Rauchen verboten

1 **Der Gipser.** Er trägt den Putz auf und macht die rohen Mauerwände glatt und weiß.

2 **Der Zargenbauer.** Er baut im Rohbau die Türrahmen mit Mauermörtel ein.

3 **Der Heizungstechniker.** Er montiert die Heizanlage.

4 Der Elektriker. Er zieht Stromkabel durch die leeren Rohre in Wand und Decke.

Innenausbau

Der Rohbau, also das Haus mit den rohen Wänden und Decken, ist fertig. In die Wände sind die Rohre für das frische Wasser und das Schmutzwasser eingebaut worden. Auf den Wänden haben die Elektriker unendlich viele Kabel für Strom verlegt. Die Kabel haben verschiedene Farben, damit sie nicht verwechselt werden. Das sieht man aber bald alles nicht mehr. Jetzt bekommen nämlich die Wände eine dünne, glatte Schicht aus Gips. Man nennt das Verputzen.

Heute habe ich einen Riesenschreck bekommen: Hannes hat einen dicken Bleistift genommen und einfach etwas an die Wand gezeichnet! Wenn das meine Eltern sehen! Das darf man doch nicht! Aber Hannes hat gelacht und gesagt, solange die Wände noch nicht fertig verputzt, gestrichen oder tapeziert sind, ist das erlaubt. Das ist sogar sehr praktisch! Ich habe auch etwas an die Wand gemalt. Mein Lieblingstier natürlich! Anschließend durfte ich beim Verputzen helfen. Das hat Spaß gemacht. Es sieht viel leichter aus, als es ist!

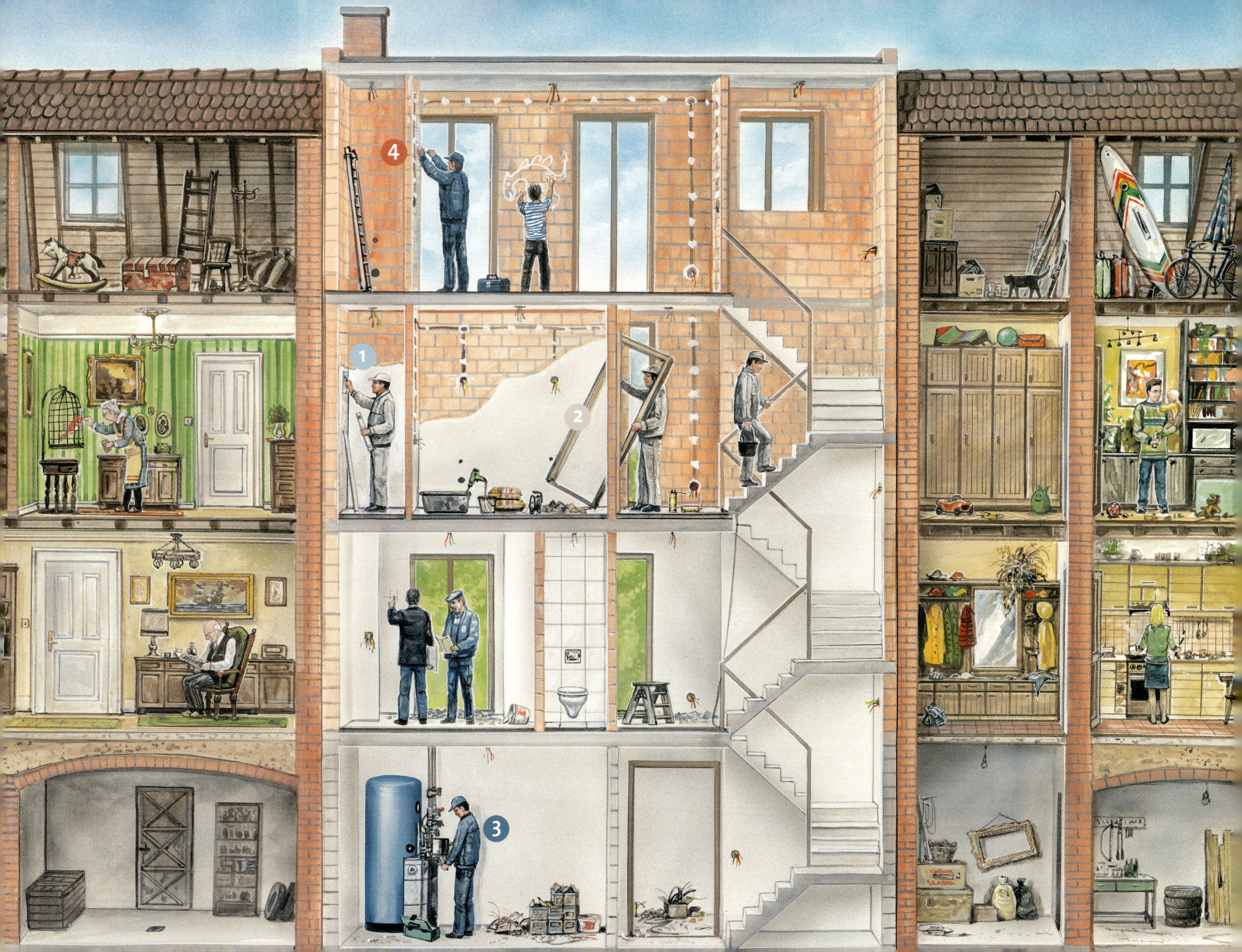
4
1
2
3

Laterne, Laterne

Langsam stinkt's mir. Fast ein halbes Jahr wird schon an unserem Haus gebaut! Hannes hat gesagt, das dauert immer so lange.

Heute Abend sind meine Freunde und ich beim Laternenumzug an unserem neuen Haus vorbeigekommen. In den Nachbarhäusern waren fast alle Fenster erleuchtet, doch in unserem Haus war es stockfinster. Es sah richtig gespenstisch aus. Schade, dass wir dort nicht Verstecken spielen dürfen! Das wäre bestimmt schön gruselig!

Baustelle betreten verboten!
Eltern haften für ihre Kinder
Der Unternehmer
Schutzhelm tragen Vorschrift
Rauchen verboten

1 **Der Fliesenleger.** Er verlegt in Küche und Bad die Boden- und Wandfliesen.

2 **Die Parkettleger.** Sie verlegen das Parkett auf einen Unterboden aus Schaumstoff.

3 **Der Schreiner.** Er bringt die Holztreppenstufen und das Geländer auf der Treppe an.

Fußböden und Treppen

Endlich, unser Haus wird langsam fertig. Jetzt sind gerade die Fußböden und die Treppe in Arbeit.

Meine Eltern haben mit Hannes gemeinsam festgelegt, welche Fußböden in die einzelnen Räume kommen. Dabei geht es nicht nur um Schönheit: Ein Fußboden muss sich gut reinigen lassen, er darf nicht zu teuer sein und er soll lange halten. Hannes hat mir erklärt, dass ein Haus oder eine Wohnung viel größer wirken, wenn in vielen Zimmern dieselben Fußböden verwendet werden. In unserem Haus gibt es deshalb in der Küche, in den Badezimmern und in den Toiletten Fliesen. In allen übrigen Räumen sind Holzfußböden. Man nennt die langen Hölzer Dielen. Sind die Holzbretter kürzer, spricht man von Parkett. Der Handwerker, der das einbaut, ist der Parkettleger. Ich finde, Holz sieht gemütlich aus. Und man kann super in Socken darauf schliddern!

2
1
3

1 **Die Dämmung.** Sie hält das Haus im Winter warm und im Sommer kühl.

2 **Der Klinkerstein.** Er wird aus Ton gebrannt und hat verschiedene Farbtöne.

3 **Die Asphaltwalze.** Mit ihr wird der heiße Asphalt für den Bürgersteig glattgewalzt.

4 **Der Fensterbauer.** Er bringt die Fenstergeländer aus Metall an.

Die Fassade

Heute hat ein Maurer mit mir geschimpft. Ich bin nämlich heimlich auf das Gerüst geklettert, um ihm bei der Arbeit zuzusehen. Das ist natürlich wieder viel zu gefährlich! Runterfallen will ich aber wirklich nicht: Das Haus ist schon neun Meter hoch!

Aber der Maurer war nett. Er ist zu mir runtergekommen und hat mir erklärt, was er gerade macht: Die schönen roten Steine werden nicht einfach vor die Außenwände gesetzt. Erst einmal wird Steinwolle zum Dämmen befestigt. Das ist »Wolle« aus gemahlenem Stein mit ganz viel Luft dazwischen. Dann lässt der Maurer einen Abstand und mauert die roten Ziegelsteine. Ich habe auch verstanden, warum das so gemacht wird: Mit diesem Mantel aus Steinen, Steinwolle und Luft wird unser Haus im Winter gut vor Kälte und im Sommer gut vor Hitze geschützt. So fühlen wir uns immer wohl und haben im Winter nicht so hohe Heizkosten.

4
1
Baustelle betreten verboten!
Eltern haften für ihre Kinder
Der Unternehmer
Schutzhelm tragen Vorschrift
2
3

1. **Der Tapezierer.** Er beklebt die Wände mit Tapeten in langen Bahnen.
2. **Der Maler.** Er streicht Türen, Wände und Decken mit speziellen Farben.
3. **Der Küchenbauer.** Er baut die Küchenmöbel und Küchengeräte ein.
4. Der Elektriker. Er schließt die Lampen im Haus an und baut die Steckdosen ein.

Fast fertig

Von außen ist unser Haus schon fertig, und nun wird es auch innen schön gemacht. Jetzt darf ich leider keine Bilder mehr an die Wand malen – und Hannes auch nicht! Eine Wand in meinem Zimmer wird zitronengelb gestrichen, die Farbe durfte ich mir selbst aussuchen.

Damit in unserem zukünftigen Badezimmer alles gut zusammenpasst, hat Hannes Muster zusammengetragen. So können wir uns besser vorstellen, wie es später aussehen soll. Natürlich hat er auch erklärt, was das im Einzelnen kostet. Hannes sagt immer: »Man kann auch mit weniger Geld tolle Sachen machen.«

4
1
2
3

1 **Baum mit Wurzelballen.** Er wird mit Wurzeln verpflanzt und abgestützt.

2 **Die Beton- oder Mörtelmischmaschine.** In ihr wird Mörtel für die Mauer gemischt.

3 **Die Polygonalsteine.** Diese Steine haben absichtlich keine gleichmäßigen Kanten.

4 **Der Landschaftsarchitekt.** Er hat den Gartenplan gemacht und Pflanzen ausgesucht.

Garten

Nicht nur ich, auch meine Eltern haben geglaubt, Hannes würde von unserem Garten einen Plan machen und einzeichnen, wo der Rasen, das Blumenbeet, die Bäume und die Sträucher hinkommen. Ich hatte ihn schon gebeten, daran zu denken, dass ich zwischen die Bäume eine Hängematte spannen möchte. Hannes hat das aber einen Landschaftsarchitekten – das ist ein Architekt, der sich um Gärten, Plätze und Grünflächen kümmert – erledigen lassen. Auch der hat nicht nur einen Vorschlag gezeichnet, sondern meinen Eltern verschiedene Möglichkeiten gezeigt. Ich durfte auch mit entscheiden, und diesen Gartenplan fanden wir am besten.

Übrigens werden auch zwei größere Bäume gepflanzt. Mit einem Kran werden die Bäume vom Lastwagen zu den Löchern im Garten gehoben. Um die Wurzeln herum gibt es ein Netz, damit sie beim Transport geschützt sind. Ich hoffe, den Bäumen gefällt es in unserem Garten!

1
2
3
4

Einzug

Endlich, wir haben es geschafft! Das Haus ist fertig. Heute ziehen wir ein! Ich freue mich schon auf mein neues Kinderzimmer. Papa hat versprochen, dass ich im großen Umzugswagen mitfahren darf. Ich werde gleich nach dem Umzug meine Freunde einladen. Die werden staunen, wie schön alles geworden ist!

Damit ich mich auch später noch daran erinnern kann, wie unser Haus gebaut worden ist, habe ich viele Fotos von der Baustelle gemacht – von den Handwerkern und von Hannes natürlich auch! Die Bilder habe ich alle in ein großes Fotoalbum eingeklebt. Diese hier finde ich am besten!

Blitz SPEDIT

Bildnachweis und Dank

S. 4 Architekturskizzen: Martin Eichholz. Kaffeetasse: Marcellus/Photocase. Tintenfüller: Katharina Malecka/Shotshop
S. 6 Modellbau: Martin Eichholz
S. 8 Skizzen und Computerillustrationen: Martin Eichholz
S. 10 Kompass: Alexandra Buss/Shotshop. Zollstock: Ramona Heim/Shotshop. Kartenhaus: Ronald Grunert-Held/Shotshop. Architektenpläne sw: Martin Eichholz
S. 16 Dachpflanzen: Martin Volpert
S. 18 Elektroplan: Daniel Bizotto. Kamin: Peter Seifarth/Shotshop
S. 26 WC (Editionals), Waschbecken (Loop&Friends), Fliesen, Badewanne (Hommage): Villeroy & Boch AG, Mettlach. Wasserhähne (twin/arwaclass): Arwa/Similor AG, Wallisellen. Duschkopf (Yota): Dornbracht GmbH & Co KG, Iserlohn
S. 28 Schneeball: jardibotanic

Illustrationen der ganzseitigen Bildtafeln und Vignetten: Ferenc B. Regös
Alle übrigen Fotografien und Illustrationen im Buch: Heike Ossenkop

Die Autoren und Herausgeber danken dem Architekten Martin Eichholz für den architektonischen Entwurf, dem Landschaftsarchitekten Massimo Fontana für die Beratung der Gartenseite, für die Unterstützung, Beratung und für Tipps Paul Chesi, Angelika Croce, Barbara Ettinger-Brinckmann, Andrea Huppert, Thomas Löhning, Hartmut Miksch, Gabriele Richter, Christoph Schmitt und Holger Vogg. Dem Polier Michael Rombach und allen Handwerkern und Bauarbeitern sei ebenfalls herzlicher Dank ausgesprochen!